Contreste insuffisant
NF Z 43-120-14

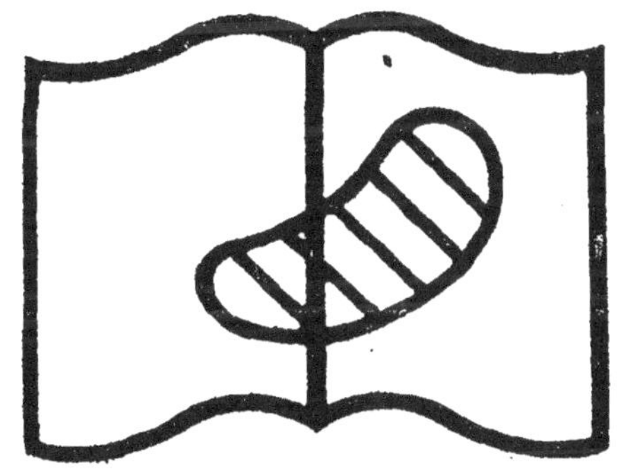

Illisibilité partielle

VALABLE POUR TOUT OU PARTIE DU
DOCUMENT REPRODUIT.

Couvertures supérieure et inférieure
en couleur

UN

MURAT

INCONNU

PAR

Os. BARON DE WATTEVILLE

DIRECTEUR HONORAIRE AU MINISTÈRE DE L'INSTRUCTION PUBLIQUE

« *Sicut sol emicat ensis.* »
(Devise des Marquis de Villeneuve.)

———

PARIS

LIBRAIRIE HISTORIQUE DES PROVINCES

ÉMILE LECHEVALIER

39, QUAI DES GRANDS-AUGUSTINS, 39

1894

EXTRAIT DE LA *REVUE DE LA FRANCE MODERNE*

(JUIN 1894)

UN MURAT

INCONNU

DU MÊME AUTEUR :

RAPPORT DU JURY INTERNATIONAL (Exposition de 1867); globes, cartes, appareils pour l'enseignement de la géographie. In-8°, Paul Dupont, 1867 (*épuisé*).

RAPPORT SUR LES BIBLIOTHÈQUES SCOLAIRES, depuis l'origine jusqu'en 1866. Imprimerie impériale, in-8°, 1867.

RAPPORT AU MINISTRE DE L'INSTRUCTION PUBLIQUE sur la collection des documents inédits de l'histoire de France et sur les actes du Comité des travaux historiques. In-4°, Imprimerie nationale, 1874.

RAPPORT AU MINISTRE DE L'INSTRUCTION PUBLIQUE sur le service des missions et voyages scientifiques en 1874. In-8°, Imprimerie nationale, 1875 (*épuisé*).

RAPPORT AU MINISTRE DE L'INSTRUCTION PUBLIQUE sur le service des missions et voyages scientifiques en 1876. In-8°, Imprimerie nationale, 1877 (*épuisé*).

RAPPORT AU MINISTRE DE L'INSTRUCTION PUBLIQUE sur l'emploi de la photographie dans les établissements scientifiques et littéraires dépendant du Ministère. In-4°, Imprimerie nationale, 1877.

RAPPORT AU MINISTRE DE L'INSTRUCTION PUBLIQUE sur le Muséum ethnographique des missions scientifiques. In-8°, Imprimerie nationale, 1877 (*épuisé*).

RAPPORT A M. BARDOUX, Ministre de l'Instruction publique, sur le service des Bibliothèques scolaires (1866-1877). In-8°, Paris: Imprimerie nationale, 1879.

RAPPORT ADMINISTRATIF SUR L'EXPOSITION SPÉCIALE DU MINISTÈRE DE L'INSTRUCTION PUBLIQUE à l'Exposition de 1878. In-8°, Paris, Hachette et Cⁱᵉ, 1886.

RÉSUMÉ DES PRINCIPES DE LA SCIENCE HÉRALDIQUE. In-12 (avec planches), Paris, Didot, 1857 (*épuisé*).

ÉTUDE SUR LES DEVISES PERSONNELLES ET LES DICTONS POPULAIRES. Paris, Emile Lechevalier, in-8°, 1888.

LE CRI DE GUERRE CHEZ LES DIFFÉRENTS PEUPLES. Paris, Emile Lechevalier, in-8°, 1889.

UN INTÉRIEUR DE GRAND SEIGNEUR FRANÇAIS AU XVᵉ SIÈCLE. Paris, Emile Lechevalier, 39, quai des Grands-Augustins, in-8°, 1890 (*épuisé*).

COMMENT LE ROI DE ROME DEVINT DUC DE REICHSTADT. Paris, Emile Lechevalier, 39, quai des Grands-Augustins, in-8°, 1890 (*épuisé*).

LETTRE D'UN COLLECTIONNEUR à M. Spire Blondel, auteur du livre des Fumeurs, Paris, H. Laurens, 6, rue de Tournon, grand in-8°, 1891 (*épuisé*).

DE LA CRÉATION D'UNE NOBLESSE NATIONALE AUX ETATS-UNIS. Paris, Emile Lechevalier, 39, quai des Grands-Augustins, in-8°, 1892.

A PROPOS D'UNE BIBLIOGRAPHIE NAPOLÉONIENNE. Paris, Émile Lechevalier, 39, quai des Grands-Augustins, in-8°, 1894.

UN
MURAT
INCONNU

PAR

Os. Baron de WATTEVILLE

DIRECTEUR HONORAIRE AU MINISTÈRE DE L'INSTRUCTION PUBLIQUE

« Sicut sol emicat ensis. »
(Devise des Marquis de Villeneuve.)

PARIS

LIBRAIRIE HISTORIQUE DES PROVINCES

ÉMILE LECHEVALIER

39, QUAI DES GRANDS-AUGUSTINS, 39

1894

Un Murat inconnu

MURAT ! — Nous n'avons pas la prétention de retracer, en quelques pages, la vie si pleine d'événements glorieux ou tragiques de celui qui, après avoir débuté comme soldat au régiment des chasseurs des Ardennes, devint maréchal de France, puis roi de Naples, pour terminer lugubrement son éclatante carrière au Pizzo, sous les balles d'un peloton d'exécution. A d'autres ce soin et ce travail considérable [1]. Nous voudrions simplement, d'abord chercher à rectifier une opinion erronée sur le caractère du héros, mettre ensuite en lumière un côté absolument inconnu de ce que l'on appellerait aujourd'hui « son état d'âme ».

I

Il est deux points sur lesquels amis ou ennemis sont tous absolument d'accord ; son intrépide courage, ses qua-

[1]. Nous apprenons à l'instant que M. le Comte Murat prépare un volume sur son illustre grand-oncle. Une telle étude, avec les documents qui paraissent tous les jours, avec les pièces inédites que possède l'auteur, doit apporter des contributions toutes nouvelles aux récits de C. Miramont (1836), Galvani (1843), Thiers (1850), les derniers publiés sur le roi de Naples.

lités incomparables de général de cavalerie. C'est à Murat que semble s'adresser l'apostrophe de Ronsard :

> O fameux écuyer, cavalcadour, guerrier,
> Escrimeur, voltigeur, soldat.....

On ne se le représente guère qu'à cheval, sabre ou cravache en main, chargeant à la tête de ses escadrons [1]. « Pour enfoncer les carrés ennemis, Murat était admirable — dit l'Empereur, dans son *Mémorial* — jamais à la tête d'une cavalerie on ne vit personne de plus déterminé, de plus brave, d'aussi brillant. »

Le côté *brillant* de Murat semble avoir frappé par dessus tout l'esprit de M. Thiers. Voyez par exemple son récit de la bataille de la Moskowa :

« Murat *brillant* d'ardeur et de broderies, revêtu d'une tunique de velours vert, portant une toque à plumes, des bottines jaunes, *ridicule* si l'héroïsme pouvait l'être [2] », etc., etc.

Ridicule, Murat l'était-il autant que M. Thiers semble le dire ? — Et d'abord l'Empereur, auquel nul ne conteste la connaissance des hommes, aurait-il confié à un général ridicule le commandement en chef de la cavalerie de la Grande-Armée ? Aurait-il mis sous les ordres d'un chef ridicule des généraux tels que Nansouty, d'Hautpoul, Grouchy, Curely ; tels que Lasalle qui avec une brigade de hussards s'emparait de Stettin [3], de Lepic, qui avec les grenadiers à cheval de la garde, traversait trois fois de part en part les lignes ennemies [4], de Caulaincourt [5], qui

---

1. Voir à la Bibliothèque Nationale (Département des estampes) les quatre-vingt-neuf portraits de Murat que possède cet établissement ; sans compter d'autres encore, dans les recueils spéciaux consacrés aux œuvres des grands peintres Gérard, Gros, etc. Tous ces portraits représentent Murat en splendide uniforme, et presque tous le sabre au poing : « *Sicut sol emicat ensis* », comme parle la devise des Marquis de Villeneuve.

2. Thiers, *Histoire du Consulat et de l'Empire*, tome XIV, p. 319. — Voir Appendice, note B.

3. 5 octobre 1806.

4. A Eylau, 8 février 1807.

5. A La Moskowa, 7 septembre 1812.

avec ses cuirassiers enlevait les fameuses redoutes de la Moskowa ? — Nul ne le croira !

Oui, Murat avait l'amour de la parure guerrière, des uniformes somptueux, des armes splendides. Tranchons le mot et pour nous servir d'une expression toute moderne « l'amour du panache ». Mais le panache si raillé devient chose respectable lorsqu'il est porté par un Murat ; lorsqu'à l'assaut de Saint-Jean-d'Acre, enlevé par une balle, ce panache tombe entre les mains de l'ennemi, et qu'il est réclamé par Djezzar-Pacha, comme le plus glorieux des trophées, comme le plus souverain des talismans.

Murat n'avait jamais lu les lettres de Pasquier [1]. Mais avec lui, sans aucun doute, il aurait regretté que le mot moderne de cavalerie eût remplacé le vieux mot de chevalerie. Murat, en effet, est un des derniers chevaliers. Comme les anciens preux, il joignait à l'amour de la guerre, à un courage héroïque, la passion des armes splendides, des vêtements somptueux qui relèvent le prestige de l'homme [2].

Ce prestige du vêtement, ou mieux, comme on dit aujourd'hui, de l'uniforme, l'Empereur s'en était bien rendu compte. Chaque fois qu'il inspectait lui-même un corps, il

---

1. « A mon grand regret diray cavalerie, infanterie... au lieu de chevalerie, piétons... », etc. Pesquier, *Œuvres mêlées ; Lettres*, tome 1er, page 105. Paris, 1619.

2. Le luxe militaire fut poussé jusqu'à la folie au xve siècle. Les gens d'armes portaient toute leur fortune sur leurs armures, surchargées d'ornements en or massif, de perles et de pierres précieuses. Aussi les musées, qui possèdent un assez grand nombre d'armes du xive et du xvie siècle, n'ont-ils, pour ainsi dire, aucune pièce du xve. Elles ont été détruites pour en arracher les bijoux qui les ornaient. Voir, à ce sujet, les descriptions d'Olivier de la Marche et des autres contemporains. Voir surtout l'*Histoire du Petit Jehan de Saintré*, par Antoine de la Salle, le premier des romans *réalistes*, il fut écrit en 1459, qui nous donne de si curieuses et de si exactes descriptions des mœurs de ce temps ; qu'il nous soit permis de n'en citer qu'un seul passage :

« ...Le demi heaulme de messire Enguerrand, sur lequel estoit un demi cerf d'or macif, portant un collier où estoient par tiers ung très bel rubis, ung très bel diamant, un très bel balaiz (rubis très clair), chacun enclos entre deux belles perles », p. 108. Edition de Z.-M. Guichard. Paris, in-12, 1843.

s'attachait d'abord à la tenue. Chaque fois qu'il créait de nouveaux régiments, il leur donnait des costumes élégants et riches. Par ce moyen bien simple, il savait attirer les engagés volontaires dans ses gardes d'honneur ou dans ses vélites de la garde. Il était convaincu, avec raison, que l'uniforme brillant inspire à ceux qui le portent l'amour du corps auquel ils appartiennent, l'esprit de solidarité et le respect d'eux-mêmes.

Seul dans la grande armée, et par une coquetterie militaire raffinée, l'Empereur se distinguait par une austère simplicité. Un simple soldat, le grenadier Coignet, a deviné les motifs qui inspiraient son souverain :

« L'Empereur fit son entrée (à Berlin) le 28 [1] à la tête de 20,000 grenadiers et de nos cuirassiers, et de toute notre belle garde à pied et à cheval. On peut dire que la tenue était aussi belle qu'aux Tuileries ; l'Empereur était fier dans son modeste costume, avec son petit chapeau et sa cocarde d'un sou. Son état-major avait le grand uniforme, et c'était curieux pour les étrangers de voir le plus mal habillé, maître d'une si belle armée [2]. »

Belle garde ! tenue aussi belle qu'aux Tuileries ! belle armée !..... on voit l'importance qu'un simple soldat attachait, tout comme son général, à la beauté militaire. Cette préoccupation perce à chaque instant chez Coignet. Soldat, en garnison à Paris, il raconte qu'outre sa grande tenue réglementaire, il achète à ses frais « une culotte de nankin, bas, boucles d'argent de jarretières ; c'était de rigueur pour l'uniforme d'été [3] ». Sergent, il lui fallut des bas de soie : « je n'avais pas de mollets, ajoute-t-il, il fallut avoir recours à des faux. J'allai au Palais-Royal pour me les procurer, je trouvai mon affaire que je payai dix-huit

---

1. Le 28 octobre 1806, après les victoires de Schleitz, de Saalfeld, d'Iéna, d'Auerstædt, de Halle.

2. *Cahiers du Capitaine Coignet*, édition de M. L. Larchey. Paris, Hachette, in-12, 1883, p. 188.

3. *Id.*, p. 150.

francs[1]. » Or dix-huit francs, avec une solde « de qua-
rante-trois sous par jour », représentaient neuf jours de
paie. On le voit, le grenadier Coignet était aussi fastueux
dans son genre que le Maréchal Murat dans le sien. Mais
la dépense n'est rien encore ; que de soucis et que de fatigues pour être digne de servir dans la « belle garde » !
En campagne, il fallait emporter par surcroît, et sur son
dos, toute la grande tenue, et Dieu sait si elle était com-
pliquée[2]. A la ville, à Paris ou à Courbevoie « quand nous
dépassions la grille du casernement, les plantons nous
inspectaient, et, s'il y avait une apparence de poussière
sur nos souliers ou un grain de poudre sur le collet de
notre habit, on nous faisait rentrer. Nous étions magni-
fiques mais abominablement gênés[3].

Aujourd'hui on ne peut se rendre compte des tracas
que donnaient une tête bien poudrée, une queue artiste-
ment nouée : « Nous portions alors des ailes de pigeons, il
fallait mettre des papillottes le soir, et le perruquier venait nous coiffer tous les jours au corps-de-garde le matin.
A midi, on ne connaissait pas la garde descendante de la
garde montante[4]. » Et ce n'était pas seulement pour les
parades des Tuileries qu'il fallait se soumettre à des exi-
gences si pénibles, qui paraîtraient actuellement insuppor-
tables. Devant l'ennemi et surtout deva... l'ennemi, devant
la mort il fallait « être beau ».

Empruntons encore un exemple à Coignet, dont les mo-
destes cahiers peuvent être classés parmi les mémoires les
plus vrais et les plus vécus, les plus pittoresques dans
leur naïveté, de tous ceux que nous ont légués les contemporains de l'Empereur. C'était en 1806, pendant l'hiver,
par un temps affreux, neige, pluie et dégel. Les grena-

1. Coignet, *loc. cit.*, p. 258.
2. Voir dans Coignet (p. 468) la description des uniformes de la garde.
Elle tient une page entière.
3. Coignet, p. 469.
4. *Id.*, p. 154.

diers traversent les boues effroyables de la Pologne. « Nous enfoncions jusqu'aux genoux. Il fallait prendre des cordes pour attacher nos souliers et quand nous arrachions nos jambes, les cordes cassaient et les souliers restaient dans la boue détrempée..... Le découragement commençait à se faire sentir dans les rangs des vieux soldats. Il y en eut qui se suicidèrent dans le transport des souffrances. Nous en perdîmes bien une soixantaine dans le trajet de deux jours.....[1] »

Enfin, ces hommes harassés, épuisés, arrivent à Eylau. Que font-ils pour se préparer à la lutte terrible qui doit s'engager le lendemain dès l'aube? Vont-ils se reposer pour prendre des forces? — Que non; ils veulent se faire beaux devant l'ennemi qui les attend.

L'Empereur est venu établir son bivac au milieu des bataillons de sa garde. Il demande une buche à chaque « ordinaire », et de plus une pomme de terre; il en recueille une vingtaine. « Il s'assit au milieu de ses vieux grognards sur une botte de paille, un bâton à la main. Nous le voyons retourner ses pommes de terre, en faire le partage à ses aides-de-camp... de sa place il voyait tous nos mouvements. »

« A la lueur des buches de sapin, je faisais la barbe à mes camarades. Ils s'asseyaient sur la croupe d'un cheval mort, que la gelée avait rendu plus dur qu'une pierre. J'avais dans mon sac une serviette que je leur passais sous le cou; j'avais aussi du savon que je délayais avec la neige fondue au feu. Je les barbouillais avec la main et je faisais l'opération. Du haut de sa botte de aille l'Empereur assistait à ce singulier spectacle, et riait aux éclats. J'en rasai dans ma nuit, au moins une vingtaine[2]. »

1. Coignet, *loc. cit.*, p. 193 et 194.
2. *Id.*, p. 475. Ne pas être rasés, ne pas être dans une tenue irréprochable était pour ces soldats modèles un véritable supplice. Voici encore un exemple significatif, toujours emprunté à Coignet (p. 179):
« Nous arrivâmes à trois lieues de Varsovie dans un état de misère la plus complète, les yeux caves, les joues enfoncées, *la barbe pas faite.* Nous

Le lendemain ces hommes frais rasés, soutenaient le choc terrible de la garde Impériale Russe, et après de sanglants prodiges, accomplis de part et d'autre, la musique des « grognards » pouvait jouer, à bon droit, un de ses airs favoris : *La victoire est à nous* [1] *!*

Après Eylau, la grande armée va prendre un repos bien gagné dans les cantonnements d'Osterode, où, comme le dit toujours Coignet, « nous passâmes le temps à faire la belle jambe, frais et poudrés comme à Paris ». Puis arrive Friedland (1807), et ensuite la mémorable entrevue de Tilsitt.

Alors, c'est bien autre chose ! « l'Empereur donne les ordres partout de prendre les armes pour recevoir l'Empereur de Russie, devant toutes les troupes en grande tenue..... Les officiers étaient parmi nous pour que rien ne manque à notre belle tenue ; les queues bien faites [2] et bien poudrées, les buffleteries bien blanches..... quel beau coup d'œil que ces souverains [3] princes et maréchaux, avec le fier Murat qui ne cédait en rien en beauté à l'empereur de Russie, et tous dans le plus beau costume [4] ! »

Ces souverains, l'Empereur « les régala d'une belle revue de sa garde et du troisième corps commandé par le maréchal Davout... Ce fut un beau jour, la garde était brillante comme à Paris, et le corps du maréchal ne laissait

ressemblions à des cadavres sortant du tombeau. Le général Dorsenne nous fit former le cercle autour de lui et nous fit des reproches sévères, disant que l'Empereur était mécontent de ne pas nous voir plus de courage dans l'adversité, qu'il avait tout supporté comme nous ; aussi, dit-il, vous traite-t-il de *grognards !* »

C'est la première fois, croyons-nous, qu'est mentionnée cette épithète devenue si célèbre.

1. La Garde impériale avait trois airs favoris :

Veillons au salut de l'Empire..., *On va leur percer le flanc...,* et *La victoire est à nous...*

2. La queue n'était pas une mince bagatelle ! Il fallait avoir : « la queue longue de six pouces, avec le bout coupé en brosse et retenu par un ruban de laine noire, flottant de deux pouces, ni plus, ni moins. » Coignet, *loc. cit.,* p. 469.

3. *Id.,* p. 214. L'empereur Napoléon, l'empereur de Russie et le roi de Prusse.

4. *Id.,* p. 214. — Voir Appendice, note A.

rien à désirer, toute sa troupe en pantalons blancs ! On nous fit défiler par division, d'abord le troisième corps, puis les grognards, c'était un rempart mouvant. L'empereur de Russie, le roi de Prusse et tous leurs généraux saluèrent la garde, à chaque division qui passait [1]. »

Quelle joie orgueilleuse dans cette courte narration, et combien on y voit apparaître, avec la naïve coquetterie guerrière, la noble fierté qu'inspiraient à ces hommes l'honneur d'appartenir à la grande armée d'abord, à la garde impériale ensuite ! l'importance qu'ils attachaient à la belle tenue et à ses moindres accessoires.

Aujourd'hui on comprend encore l'élégance guerrière de l'épaulette, des tresses, des fourragères, des plumets, mais nul ne peut concevoir qu'un appendice tel qu'une queue (si bien poudrée qu'elle fût) devienne l'objet d'une sorte de fétichisme. Il en était pourtant ainsi. Coignet à Marengo reçoit sur la nuque un coup de sabre qui manque de le tuer. Il n'en veut pas d'abord au hussard hongrois qui lui a décoché ce horion, mais quand il s'aperçoit que sa queue était à moitié coupée, « lui qui avait la plus forte de tout le régiment », alors sa colère n'a plus de borne, il ramasse un fusil, des cartouches et rejoint sa compagnie. « Je vous croyais perdu, mon brave, lui dit son capitaine, vous avez reçu un fameux coup de sabre, car vous n'avez plus de queue et votre épaule a bien du mal. Allez vous mettre en serre-file. — Je vous remercie, répond Coignet furieux, j'ai une giberne pleine de cartouches et je vais bien me venger sur les cavaliers [2] ! » Il fallait cet espoir pour le consoler de la perte d'un si rare ornement.

Lorsqu'en 1808 le général Arrighi, duc de Padoue, colonel des dragons de la garde Impériale, obtint de l'Empereur, dont il était parent, l'autorisation de faire supprimer la poudre et la queue dans son régiment, « le bon

1. Coignet, p. 214.
2. *Id.*, p. 106.

maréchal Bessières commandant en chef la cavalerie de la garde, jeta feu et flammes et se fit mettre encore plus de poudre sur ses cheveux et ses ailes de pigeon, et, n'osant toucher à ce qui avait eu la haute approbation du chef de l'Etat, il se vengea en appelant les dragons de la garde *Messieurs les Muscadins*[1] ». Quant à Bessières, lorsque la mesure proposée par le duc de Padoue pour son régiment fut imposée à toute l'armée, lui Bessières osa résister à l'Empereur et, jusqu'à la fin de ses jours, il conserva les ailes de pigeon, la poudre et la queue[2].

Du reste, et il faut encore en appeler au témoignage de Coignet, la suppression de la poudre et de la queue « fit une révolution dans l'armée, surtout dans la cavalerie[3] ».

Voilà donc aux deux bouts de l'échelle hiérarchique un maréchal et un simple soldat se rencontrant dans le même amour de la parure guerrière, qui, dans leur esprit, se rattache aux plus glorieux souvenirs. Ce qu'ils pensaient, l'armée entière le pensait comme eux, avec eux. Rien d'étonnant donc, si Coignet (c'est pour la dernière fois que je le cite) pour faire le plus grand des éloges du général Dorsenne, commandant les grenadiers de la garde, s'écrie : « Modèle pour la tenue, il aurait pu effacer Murat[4] ! »

Murat n'était donc pas une singularité dans la grande armée ; Murat n'était donc pas l'homme ridicule que M. Thiers a voulu dépeindre, il était tout simplement, par son haut grade, par son courage, par son élégance militaire, un des premiers parmi ceux dont le colonel Campbell disait

---

1. *Mémoires du Duc de Padoue*, tome Ier, p. 124.

2. J'ai connu, j'ai vu, jusque vers 1854, le vieux marquis Théodore de Lameth, colonel de Royal-Etranger en 1789, membre très courageux de la droite à l'Assemblée législative en 1791. Il avait renoncé à la poudre, mais jusqu'à son dernier jour il avait conservé avec fidélité une petite queue bien élégante et qui frétillait sur le col de son habit.

3. Coignet, p. 154.

4. *Id.*, p. 284.

« que tout le monde, en Europe, parlait de l'Empereur et
de sa vieille garde comme *d'êtres surhumains* [1] ».

II

Après avoir essayé de disculper un Murat *méconnu*, de
péchés véniels, il faut le reconnaître, mais dont il fut longtemps accusé par Thiers et par d'autres, il faut maintenant
justifier le titre de cette étude. Il nous faut montrer, ou
tâcher de montrer, le Murat *inconnu*.

Mais d'abord une digression indispensable, pour in-
diquer d'où proviennent les matériaux que nous allons
mettre en œuvre et quelle est leur valeur.

Dans une grande partie de l'Europe, en Allemagne,
dans les pays scandinaves, en Italie surtout, il existe un
usage charmant. Lorsqu'une famille compte parmi ses
amis un lettré, un savant, lorsque dans cette famille il s'ac-
complit un événement de grande importance domestique,
des noces, la naissance d'un enfant, alors le lettré, le
savant, au lieu d'apporter un cadeau banal, fait imprimer

1. En 1814, après l'abdication de Fontainebleau, lorsque l'Empereur
alla prendre possession de l'île d'Elbe, il fut accompagné dans ce triste
voyage par le colonel Campbell, commissaire du Gouvernement anglais.
Ce fut, par un hasard singulier, ce même colonel qui, un an plus tard, à
Waterloo, adressa au bataillon sacré et au général Cambronne, qu'il avait
connu à l'île d'Elbe, la sommation à laquelle Cambronne fit une des deux
réponses héroïques que tout le monde connaît, — peut-être toutes les deux.
Le récit du curieux épisode que nous venons de rapporter, nous le de-
vons au capitaine de vaisseau Thomas Usscher, commandant le navire
The Undaunted, qui transporta l'Empereur à l'île d'Elbe. — Voir *Revue
hebdomadaire*, n° du 11 novembre 1893, page 239, « la déportation (*sic*) de
Napoléon à l'île d'Elbe », par Th. Usscher.
On peut rapprocher du jugement du colonel Campbel celui porté par un
officier prussien, dans une lettre écrite après Iéna, que cite Thiers
(tome VII, p. 210) :
« S'il ne fallait que se servir de ses bras pour battre les Français, nous
serions bientôt vainqueurs. Ils sont petits, chétifs, un seul de nos Alle-
mands en battrait quatre. Mais ils deviennent au feu *des êtres surna-
turels...* »

une plaquette sur un sujet digne d'intérêt[1]. Cette plaquette, outre son mérite littéraire, acquiert une valeur considérable, par sa rareté, car elle n'est jamais mise dans le commerce, et, tirée à très petit nombre, elle n'est donnée qu'aux parents ou qu'aux amis les plus intimes.

Un hasard *ami* a placé entre nos mains une de ces rarissimes publications, en nous autorisant à en donner des extraits.

M. Guido Biagi, ancien et éminent bibliothécaire, aujourd'hui inspecteur général de l'Instruction publique du royaume d'Italie, vient de publier, à l'occasion du mariage du marquis Benzoni avec noble demoiselle Teresa Martini[2], quarante lettres inédites du roi Murat à sa fille bien aimée, disons plus, à son enfant préféré, Letitia Joséphine[3].

[1]. Cette aimable coutume semble venir d'Italie, et les trois mots italiens *per le nozze* (pour le mariage) désignent en bibliographie ces sortes de publications, dont la plus ancienne paraît être celle qui fut *composée à Venise en 1453*, pour le mariage de Jacobo Balbi et de Paolina Barbaro. Jusqu'en 1793 les poètes seuls célébrèrent les *Nozze*. Depuis lors le cadre s'est élargi, on a puisé largement dans le domaine de l'histoire, des lettres, des sciences, ces sujets d'études, souvent d'un haut intérêt, mais qui, par leur tirage restreint, demeurent peu ou point connues. Il serait à souhaiter qu'un bibliographe zélé entreprît un travail d'ensemble sur cette question curieuse qui, à notre connaissance, n'a guère été traitée qu'incidemment. Parmi ceux qui s'en sont occupés on peut citer Cinelli dans sa *Bibliotheca volante*, et M. Henry Harrisse, qui mettant à profit son érudition sur les grands voyageurs du XVe siècle, a publié à propos de *Nozze* une plaquette des plus intéressantes sur Vasco de Gama. A la fin de cette brochure tirée à 99 exemplaires (Appendice, p. 39), il énumère un certain nombre de publications analogues françaises, mais qui ont paru dans ces dernières années seulement.

[2]. « A ricordare le nozze auspicate della nobile Signorina Teresa Martini con il marchese Gaetano Benzoni, capitano di cavalleria. » Brochure in-4°, de VIII et 27 pages, splendide d'exécution, imprimée à Florence. Octobre 1893.

[3]. Letitia du nom de sa grand'mère, Joséphine du nom de sa marraine l'Impératrice.

De son mariage (célébré en 1800) avec Caroline-Marie-Annonciade Bonaparte, alors qu'il était général de division, Murat eut quatre enfants :

1° Louis-Charles-Napoléon-Achille, né en 1801 ;

2° Letitia-Joséphine, née en 1802 ;

3° Napoléon-Lucien-Charles, né en 1803 ;

4° Louise-Julie-Caroline, née en 1805.

Il est fait très souvent mention d'eux tous, dans les lettres du roi Murat à la princesse Letitia, mais incidemment.

En 1825 (elle avait alors vingt-trois ans), la princesse
Letitia épousa le comte Pepoli, d'une des plus anciennes et ·
des plus nobles familles de Bologne. Elle aima cette ville
comme une seconde patrie, nous apprend M. G. Biagi,
dans une intéressante mais trop courte notice, et en mou-
rant (en 1859), elle légua à la municipalité les souvenirs les
plus précieux qui lui venaient de son père : « Les armes ·
splendides dont il aimait à se parer dans les fêtes, qu'il
portait dans les combats, et les lettres dans lesquelles
l'âme de cet homme, si terrible dans la bataille, se révèle
si douce, si affectueuse pour tous les siens. » La municipalité Bolognèse a donné une place d'honneur aux armes
dans le musée *del Risorgimento*, elle conserve les lettres
dans la bibliothèque de la ville ; c'est là que M. Biagi a
fait l'heureuse découverte qui lui a permis de publier les
très intéressants documents, dont son goût éclairé lui avait
fait apprécier la haute valeur.

Ces lettres sont écrites sur papier de petit format à
bordure d'or, griffonnées en toute hâte, la plupart du temps
au bivac, entre deux combats [1] ; elles sont difficiles à dé-
chiffrer : pas de majuscules, d'accents, de ponctuation.
Elles sont toutes de la main de Murat, excepté la 2ᵉ, la 3ᵉ
et la 4ᵉ qui ne sont que signées par lui ; toutes sont écrites
après la « promotion » du beau-frère de l'empereur au
trône de Naples, sauf les trois premières (de 1807), il n'é-
tait alors que grand-duc de Clèves et de Berg [2] ; toutes
sont exactement datées, sauf la première. Mais sur le re-
vers de celle-ci, la princesse a mis la note suivante : « Cette

---

1. Souvent, dans sa précipitation, Murat a omis des mots. M. Biagi a ré-
tabli ces mots en les plaçant entre guillemets.

2. Résumons en peu de lignes les points principaux de la carrière de Murat, en négligeant ses débuts comme soldat au régiment des Ardennes et
dans la garde consulaire : Sous-lieutenant, 1791 — chef d'escadron, 1794 —
chef de demi-brigade, 1795 — de brigade, 1796 — général de division, 1799
— gouverneur de Paris et maréchal, 1804 — prince français et grand-ami-
ral, 1805 — grand-duc de Clèves et de Berg, 1807 — roi de Naples, 1808 —
fusillé au Pizzo, 1815.

lettre est de la guerre de Pologne, j'avais alors cinq ans. »
(1807) [1].

Le style de ces lettres est toujours simple et naturel,
clair et net: toujours, il faut le remarquer, approprié à
l'âge de sa jeune correspondante. Sans même regarder
leurs dates, les idées de plus en plus sérieuses, de plus
en plus développées font sentir que le père s'adresse à
un enfant de plus en plus raisonnable. Mais leur caractère dominant est la tendresse passionnée de Murat pour
sa fille, pour sa famille, et un amour singulier chez un tel
homme, pour son intérieur, pour les joies du foyer. — En
commençant il emploie d'abord un *vous* solennel [2] ; mais il
ne peut garder longtemps cette réserve et nombre de lettres
qui commencent par le vous, se terminent par le plus affec-
tueux des tutoiements. Enfin, lorsque la princesse avance
en âge, le « voüs » disparaît complètement [3].

Bien que Murat recommande à sa fille l'étude de la
langue italienne, lui rappelle « qu'elle est Napolitaine et
qu'elle doit savoir sa langue [4] », et qu'il lui dise : « ta
lettre italienne est charmante [5] » ; il ne prêche pas d'exemple, et dans tout le recueil, je ne trouve de sa main qu'une
date « Marzo [6] » et qu'un protocolo italien : « addio
amata, adorata mia lœtitia [7]. » — Tout roi de Naples
qu'il soit, il écrit en excellent français, et en sacrifiant peu
au goût (nous n'osons dire au mauvais goût) du temps ;
dans toute cette correspondance, c'est à peine s'il est parlé

1. La plupart de ces renseignements sont puisés dans la notice de
M. Biagi.

2. Dans une *seule* lettre, la xix⁰, datée du 18 juillet 1812, on trouve comme
suscription : A la princesse Letitia — point de titre de *princesse* dans le
corps de la lettre, mais bien : ma chère Letitia.

3. Voir les lettres xv, xvii, xx, xxv, xxvii, xxviii, xxxi à xxxiv, xxxviii
à lx, de 1812 et années suivantes.

4. Lettre xiv. — Posen, 21 mars 1812.

5. Lettre xxv. — Molodetschno, 8 décembre 1812.

6. Lettre xxxix. — Marzo 1814.

7. Lettre ix. — Au camp de Piale, 20 juillet 1810. Murat n'a jamais été
certain de l'orthographe du nom de sa fille; il l'écrit tantôt Lœtitia, comme
ici; tantôt Lætitia et tantôt Letitia.

de roses et de lauriers. En voici les deux seuls exemples :
« ..., j'ai trouvé ton portrait aussi frais que les roses qui
parent ta tête [1] », ou bien encore, mais ici, à côté des roses
classiques, perce un sentiment vrai et poignant : « ... c'est
aujourd'hui le jour de ma fête, vous vous réunirez aujour-
d'hui en famille ; que je regrette de ne pas me trouver au
milieu de mes chers enfans pour recevoir leurs vœux et les
belles fleurs que ma letitia m'aurait présentée. je lui
aurais rendu les roses pour les placer sur sa tête, mais elle
n'en a pas besoin pour être jolie.... ta lettre m'a fait
verser bien des larmes, mais les larmes m'ont fait grand
bien [2]. »

Quant aux lauriers, malgré le nombre de ceux que
Murat a cueilli (style de l'époque), on ne les voit paraître
également que deux fois, après Eylau et après les premiers succès remportés en Russie avant la bataille de
la Moskowa.

« ... oui, nous battrons l'ennemi, et je reviendrai dé-
poser sur la plus jolie tête du monde les feuilles de laurier
que j'aurai cueillies en pologne [3].... » Puis encore :

« un mot à ma belle letitia, ses lettres me font grand
bien, elles me font oublier les fatigues de plusieurs jours,
elles les rendent même plus agréables en pensant que c'est
pour mon adorable famille que je combats et que les
feuilles de laurier que je cueille ne peuvent pas déparer
la figure angélique, la tête charmante de ma letitia — au
bivac, le 3 septembre 1812, ton affectionné père, J. N. [4] »

C'était quatre jours avant la terrible bataille de la Moskowa.

Et puisque le nom de cette sanglante victoire reparaît

1. Lettre xxv. — 3 décembre 1812.

2. Lettre xxii. — Smolensk, 19 août 1812, au début de la campagne de
Russie.

3. Lettre ii. — 8 avril 1807.

4. Lettre xxiii. — 3 septembre 1812. Comme roi, Murat signait J. N.,
ou Joachim Napoléon, et ce, par ordre de l'Empereur.

ici, encore une observation sur le style de Murat. Si le roi
de Naples a un peu conservé l'abus des roses et des lauriers, images chères aux écrivains du xviiie siècle, il leur a
pris également leur vague religiosité. Avant d'entrer en
campagne, il dit à sa fille chérie : « faites des vœux pour
moi, le ciel exauce toujours les prières des âmes belles
comme les votres, pures comme celles de mes enfans[1] » ;
ou bien encore : « les vœux que tu formes pour mon
bonheur me seront toujours chers ; je suis persuadé que le
ciel les exaucera, ils partent d'un cœur aussi tendre, aussi
beau qu'il est innocent, ces vœux la ne sont jamais re-
jetés par le ciel[2]. »

Mais la bataille de la Moskowa vient d'être livrée. Le
succès est dû en grande partie aux efforts surhumains de
Murat et de ses cavaliers. Quatre-vingt-dix mille hommes
sont étendus sur la terre, morts ou blessés. Ses compa-
gnons, les généraux Plauzonne, Montbrun, Caulaincourt,
Romeuf, Chastel, Lambert, Compère, Bessières, Dumas,
Canouville sont tués. Vingt autres grièvement blessés,
Murat presque seul a été épargné. Le soir même, sur le
champ de bataille, il écrit à sa fille, mais cette fois il
laisse le *ciel* de côté, il songe à Dieu, et brièvement,
énergiquement il dit :

« ma belle et bonne letitia, je me porte bien ; votre
père vous est preservé, rendez en grâce à dieu, il recevra
avec bonté les vœux et les actions de grâce de cœurs aussi
purs que les votres. embrassez ma louise, embrassez maman de ma part. je t'embrasse bien tendrement.

» le 7 septembre 1812.   J. N.[3] »

On le voit, il est sobre de détails ; il est vrai qu'il écrit
après dix-sept heures d'effroyables dangers, d'écrasantes

---

1. Lettre xvi. — Saint-Cloud, 7 mai 1812. En conservant les *o* à l'impar-
fait, Murat avait adopté les innovations de Voltaire, et il écrit toujours
enfans, tems, etc.

2. Lettre xxxii. — Grossenhayn, 19 septembre 1813.

3. Lettre xxiv.

fatigues[1]. Mais il en est toujours ainsi : sa discrétion est incroyable sur ses exploits. Après la bataille de Dresde, il se contente de dire.

« Ce 29 août, à 9 heures du soir, 1813[2]. . . . . . .
. . . . . l'empereur a remporté hier et aujourd'hui deux grandes victoires, j'ai été assez heureux pour y contribuer. adieu je me porte bien, embrasse bien la reine et louise pour moi. — ton bon père,   J. N. »

Un mois après, dans un autre billet, toujours daté de Dresde, on trouve ce post-scriptum laconique :

« Nous ne nous battons plus[3]. »

Les historiens de la campagne de Russie trouveront peu à glaner dans cette correspondance ; au début,.....
« l'ennemi fuit toujours, cependant hier au soir nous l'avons atteint et poussé vigoureusement. dis à m° de roquemont[4] que je suis content de son gendre[5] et à m° picerno que je le suis de son mari[6]

. . . . . svienzanocu le 4 juillet 1812[7]. »

Et quelques jours plus tard, le 18 juillet[8], sans indication de localité :

« . . . . je me porte bien malgré les marches que nous font faire ces vilains russes qui s'enfuyent avec leurs bottes de sept lieues. » — On trouve encore quelques vagues détails dans une lettre écrite le 1er août au château de Matu-

---

1. La bataille de la Moskowa, commencée à 5 heures du matin, ne se termina qu'à la nuit close. *C. f.* Thiers, *Histoire du Consulat*, etc..., tome XIV, p. 320 et suivantes.

2. Lettre xxxi.

3. Lettre xxxiv. — 28 septembre 1813.

4. M°° de Roquemont était la gouvernante de la princesse Letitia. Murat, dans sa correspondance, semble professer pour elle autant d'estime que d'amitié.

5. Son gendre était M. d'Arlaincourt, aide-de-camp du roi.

6. M°° Picerno, dame d'honneur, dont le mari était également aide-de-camp du roi.

7. Lettre xviii. — Les combats dont il est question dans cette lettre ont été livrés dans la marche sur Minsk.

8. Lettre xix. — Voir Appendice, note B.

zéro (sic) sur les combats qui se sont livrés à Ostrowno et à Witepsk :

« … dis à m° de roquemont que d'arlaincourt s'est bien conduit, qu'il a eu son cheval tué sous lui, que je le lui rendrai bien portant[1] ; dis à m° picerno que son mari est un brave homme, et lorsque tu verras le maréchal pérignon tu lui diras que son fils s'est bien battu et qu'il a toujours été à mes cotés. je suis bien heureux, me voilà échappé à plusieurs combats, conservé à mes bons, à mes charmans enfans. donne moi plus souvent des nouvelles de maman, je suis bien malheureux de la sçavoir souffrante. soignez la bien, et écris moi bien vite qu'elle se porte bien. je suis bien loin d'elle, bien loin de vous. quand vous reverrai-je ? bientot j'espère. j'attends le portrait d'achille, je garde toujours sur moi celui de maman et le tien voila mes talismans[2]. »

Mais les fatigues, les privations augmentent et un certain découragement commence à percer, on le voit à la fin de la lettre que nous venons de citer et plus encore dans celle du 11 août 1812[3] :

« ….. adieu, pense à ton papa dites vous tous ensemble si papa souffre c'est pour moi, s'il expose sa vie, c'est encore pour moi…… oui, ma bonne letitia, c'est pour vous que je brave tant de dangers, que je supporte tant de fatigues et de privations. adieu, je suis triste quand je devrais être heureux, car j'ai reçu des lettres de maman, d'achille, de letitia. je t'embrasse ; embrasse tes frères et louise. — J. N. »

Ce découragement finit par changer un héros en un pacifique. Un violent désir de la paix, désir augmenté par

---

1. Que s'est-il passé ? Car on lit, lettre xxiii, datée du bivac de Juba, le 3 septembre 1812 : « dis à m^me de roquemont et à m^me d'arlaincourt que j'ai laissé partir d'arlaincourt avec peine. c'est un brave homme. » Chaque fois que Murat emploie cette expression « un brave homme », il veut toujours dire un homme brave.

2. Lettre xx.

3. Lettre xxi.

l'amour qu'il porte à sa famille, la métamorphose et lui fait écrire d'abord : « nous voila le 4 juillet (1812), j'espère que la guerre sera bientôt finie et que la paix me rendra à ma belle et bonne letitia. consolez maman, parlez souvent de votre papa, conservez-lui toute votre tendresse [1]. »

En 1813, ces désirs de paix se tranforment en passion. Quelques jours après la bataille de Dresde [2], le 3 septembre, on rencontre ces mots : « j'espère que la paix me rendra bientot à ma famille » —; puis, le 19 du même mois, du bivac de Grossenhayn [3] : « il y a bien longtemps que je suis séparé de mes enfants, que j'ai quitté ma belle letitia ; quand les reverrai-je ? — quand pourrai-je jouir de leurs embrassements ? — quand une bonne paix me ramènera-t-elle au sein de ma famille pour ne plus la quitter ? — bientôt, je l'espère. » — De Dresde, encore le 28 septembre [4] : « ..... combien il est doux pour mon cœur de penser que mes enfants font, pendant notre séparation, des vœux pour mon bonheur, pour ma conservation et pour la paix. » — De Bologne, le 6 février 1814 : « il faut espérer qu'une paix prochaine me mettra bientôt à même de vous entendre (jouer du piano) et me réunira à mon aimable et bien chère famille pour ne plus la quitter [5]. » Enfin, dans l'avant-dernière lettre de cette correspondance, datée sans indication de localité et sans quantième, de mars 1814 [6] : « nous ne nous battons pas en ce moment. cela durera-t-il longtemps ? — combien je désire la paix ! non jamais je ne désirerai autant me retrouver au milieu de mes bons enfans. »

Mais de toutes ces lettres, celle où éclate le plus violemment la lassitude physique, la lassitude morale, est celle écrite de Molodetschno, à la fin de la désastreuse re-

---

1. Lettre xviii.
2. Lettre xxxii. — La bataille de Dresde fut livrée les 26 et 27 août 1813.
3. Lettre xxxiii.
4. Lettre xxxiv.
5. Lettre xxxvii.
6. Lettre xxxix.

traite de Russie, avant l'orageux conseil de guerre de Kowno [1], où Davout accabla de reproches son ancien collègue, sans tenir compte de son titre de roi, et qui précéda de peu de jours le moment où, abandonnant son poste, Murat, sans tenir compte des ordres de l'Empereur, laissa les débris de la grande armée pour rentrer en Italie. — Cette lettre adressée à un enfant, cette lettre qui a une véritable importance historique, explique tant bien que mal la triste conduite du roi de Naples, mais, hâtons-nous d'ajouter, sans toutefois l'excuser [2].

« tu vois par la date de ma lettre que je me suis rapproché de deux cent lieues, mais que je suis encore loin ! il y a bien longtemps que je ne t'avois écrit. nous marchons continuellement ; je suis bien maigri, bien fatigué, je suis cependant bien (ici une ligne de ratures), mais je suis malheureux loin de ma bonne famille..... quand vous reverrai-je mes bons amis ? bientôt, je l'espère. adieu ma bonne amie, aime toujours ton père, parlez souvent de lui à la reine et rendez la bien heureuse. — je t'embrasse de tout mon cœur ainsi que la bonne louise que j'aime bien. J. N. »

Laissons de côté le souverain, laissons l'homme de guerre que fut avant tout Murat, nous ne disons pas l'homme politique, celui-là, il ne le fut jamais. Cherchons dans cette correspondance le père de famille, nous le rencontrerons à chaque ligne ; et un père incomparable. Sans cesse, et dans les circonstances les plus graves, il s'occupe avec la plus ardente sollicitude des plaisirs, des travaux, du caractère, des progrès de sa fille chérie. Pour écrire à son enfant, il se fait enfant lui-même. « bon jour mon ange, bon jour ma loëtitia, il y a bien long tems que je ne suis plus avec mes chers enfans, que je ne reçois plus leurs caresses, que je ne joue plus avec eux. combien j'ai regretté

1. Il eut lieu le 12 décembre.
2. Lettre xxv. — Molodetschno, 3 décembre 1812.

de n'avoir pas vu la belle polonaise, le grand diable vert et
la belle paysanne napolitaine ! comme ils devaient être
beaux !..... — Joachim [1]. » — Et quatre ans plus tard,
lorsque le « Sénat conservateur » venait de prononcer, le
12 avril 1814, la déchéance de Napoléon, alors que Tal-
leyrand, au nom de la famille de Bourbon, demandait à
l'Autriche d'envoyer 80,000 hommes pour chasser « l'u-
surpateur napolitain », dans une situation si grave, Murat
s'inquiète..... des plaisirs de sa fille, et, le 21 avril
1814, il lui demandait : « tu as vu danser Duport, as-tu
été contente de lui ? le ballet était-il beau [2] ? » — Et que
l'on ne croie pas ici à une stupide indifférence, à un aveu-
glement de sa part, car, peu de jours avant, il écrivait
« je sais que la reine est souffrante ; soignez la bien, *dites-
lui d'être sans inquiétude sur ma position, je saurai tout
supporter* [3] ».

L'Empereur appelle Murat à Paris pour l'entretenir de
ses projets, pour préparer la si regrettable campagne de
Russie. Au milieu de ces graves préoccupations : « je vous
envoie trois pellerines et trois robes pour chacune [4], por-
tez-les pour l'amour de moi, elles ne peuvent pas vous
embellir, mais elles vous rappelleront votre papa [5] ». Tout
en s'adressant à l'aînée de ses filles, il n'oublie pas la
cadette, en voici une autre preuve : « j'ai reçu ta lettre à dan-
zig [6]..... je t'ai envoyé de l'ambre ; quoique l'adresse soit
pour toi seule, tu dois en donner à louise [7] ». A peine sorti
des neiges de la Russie, arrivé à Koenigsberg, toujours en
combattant, il envoie à Letitia des cadeaux que l'ennemi

1. Lettre xi. — Sans indication de jour, de mois, ni de localité, seulement l'année 1810. On peut admettre que cette lettre a été écrite au camp
de Piale (où Murat se trouvait lorsqu'il écrivait la lettre x), camp de ma-
nœuvre de l'armée napolitaine. En 1810, la princesse Letitia avait huit ans.
2. Lettre xl. — La dernière du recueil.
3. Lettre xxxviii. — Bologne, 6 février 1814.
4. La reine et ses deux filles, les princesses Letitia et Louise.
5. Lettre xiii. — Paris, 15 mars 1812.
6. Danzick est le centre le plus important du commerce de l'ambre.
7. Lettre xvii. — Insterbourg, 13 juin 1812.

enlève : « que je suis faché de l'accident qui est arrivé au perroquet, il était superbe ! sa tête était couverte d'une aigrette admirable. les fourrures aussi furent prises et je ne trouve rien digne de toi, digne de maman, cependant quelques peaux de renard noir qui sont les estimées ; maman vous en donnera une garniture..... [1] »

Et un peu après la bataille de Dresde : « je vous envoie un petit service de porcelaine de saxe, j'espère qu'il vous fera plaisir, quoiqu'il ne soit pas très beau [2] ». Enfin malgré les dangers que courait son trône en 1814, il songe à envoyer à la Reine de belles robes de crêpe et il ajoute : « j'espère qu'elle vous en donnera, il y a des couleurs charmantes et qui vous iront à merveille [3]. »

Murat ne cherche pas seulement à combler sa fille de cadeaux, ou à se tenir au courant de ses plaisirs ; avec un amour vigilant, qui ne lui cache pas les défauts de son idole, il veut réformer, améliorer son caractère. Voici ce qu'il a écrit à sa fille âgée de dix ans : « ta lettre... me répètoit l'assurance de ton projet de travail, de ton application. à changer ces maudits moments d'humeur, car le noir ne va pas sur une aussi belle figure, les grâces seules doivent embellir ce front noble et serein [4] ». Au commencement de la campagne de Russie : « mᵉ de roquemont m'a fait grand plaisir en me parlant de votre application à vos leçons et à vous rendre maîtresse de vous même [5] ». Un an plus tard, en 1813, pendant la campagne d'Allemagne : « combien mᵉ de roquemont m'a rendu heureux en m'annonçant que ma letitia devenoit tous les jours meilleure et qu'elle n'avoit plus les momens d'humeur, qui, en faisant son malheur propre auroient fini par faire celui de

1. Lettre xxvii. — Kœnigsberg, 23 décembre 1812.
2. Lettre xxxiii. — De Grossenhayn, du 19 septembre 1813.
3. Lettre xxxvii. — De Bologne, 6 février 1814.
4. Lettre xvii. — Insterbourg, 13 juin 1812. L'Empereur avait envoyé Murat en mission sur les frontières de la Russie pour inspecter l'armée d'avant-garde.
5. Lettre xxi. — Du château de Matuzero, du 11 août 1812. Nous en avons déjà cité un fragment.

la reine, le mien et celui de toutes les personnes qui l'envi-
ronnent. — c'est de bien bon cœur que je t'en félicite...
  » ton bon père   J. Napoléon [1]. »

Quant à ce qui touche l'éducation, l'instruction propre-
ment dite, Murat n'est pas moins attentif, et quelle que
soit la confiance que lui inspire Madame de Roquemont,
il s'occupe des moindres détails. C'est en traitant ces
importants sujets que l'on peut trouver la justification
de l'opinion que nous avons émise aux premières pages
de cette étude : le style des lettres de Murat est toujours approprié à l'âge de sa jeune correspondante.
Voyons d'abord la première de toutes, adressée à sa fille
âgée de cinq ans. Cette lettre, nous l'avons déjà dit, fut
écrite en 1807 lors de la guerre de Pologne :

« ma jolie loetitia, j'ai été vivement touché de vos reproches, vous m'avez parue fachée, je veux me réconcilier
avec vous, écrivez moy souvent, répètez moy toujours que
vous aimez votre papa ; et votre papa vous répondra
toujours qu'il vous chérit bien tendrement. apprenez bien
vite à écrire, je serai bien heureux quand je pourrai lire
votre caractère, aimez toujours m⁰ de roquemont qui a
bien soin de vous... »

A sa fille, encore en 1807 :

« j'ai reçu, ma belle et chere letitia, votre jolie lettre ;
elle m'a fait le plus grand plaisir. j'ai admiré la rapidité de
vos progrès [2]... »

Deux ans plus tard. Letitia avait alors sept ans :

« ..... m⁰ de roquemont me donne souvent de vos nouvelles, elles me sont d'autant plus agréables qu'elle m'as-
sure que vous etes bien sage et que vous travaillez beaucoup, je suis ravi de vos progrès [3]... »

Et l'année suivante :

1. Lettre xxxiv. — Dresde, 28 septembre 1813.
2. Lettre ii. — Quartier général de Finkenstein, 3 avril 1807, entre les
batailles d'Eylau et de Friedland.
3. Lettre iv. — Trianon, 21 décembre 1809.

« ..... le bon compte que me rend mᵉ de roquemont de votre application ne contribue pas peu à me faire supporter toutes les peines que je ressens de l'éloignement de maman et de mes chers enfants [1]... »

« ... votre dernière lettre m'a fait éprouver encore plus de plaisir. j'ai pu y remarquer plus de soin, elle étoit plus de vous, il m'a semblé que vous me parliez en m'écrivant et le style m'en a charmé. continuez à bien vous appliquer vous vous applaudirez un jour des soins que vous aurez donné à votre instruction... votre affectionné père Joachim Napoléon [2]. » — « ... vos lettres... me font d'autant plus de plaisir que je sais qu'elles sont de vous, que tout ce qu'elles renferment d'aimable et de tendre vient de votre cœur, car mᵉ de roquemont ne m'a pas laissé ignorer qu'elle n'y changeoit rien et vous laissoit liberté entière d'écrire tout ce que vous éprouviez pour moi. aussi combien je suis heureux d'être l'objet et le sujet de vos premières pensées, de vos premières affections. je sçais que vous travaillez beaucoup ; aussi, comme récompense je vais tout tenter pour décider le maître que vous desirez de se rendre a naples. adieu ma chère amie, aime moi bien, aime bien maman et tes frères et contentez bien mᵉ roquemont je vous embrasse de tout mon cœur [3].... »

« ...... je suis bien certain que tu tiendras parole, et que tu t'appliqueras bien à toutes tes leçons, que tu contenteras bien maman, et que mᵉ de roquemont me rendra toujours bon compte de toi [4]. »

« ...... j'aurois été bien heureux du bonheur qu'a dû éprouver la reine de vous entendre jouer du piano, j'aurais été comme elle (fier) de vos progrès [5].... »

1. Lettre vii. — Sans indication de localité, mais donnant le jour par exception « ce lundi 16 avril 1810 ».

2. Lettre x. — Au camp, ce 12 septembre 1810.

3. Lettre xii. — Paris, 5 mai 1811.

4. Lettre xx (déjà citée). — Château de Matuzero, 1ᵉʳ août 1812.

5. Lettre xxxvii. — Bologne, 6 février 1814. Lettre écrite au milieu des plus graves préoccupations politiques.

Nous avons cru devoir intervertir légèrement l'ordre chronologique de ces fragments de lettres sur l'instruction de la princesse Letitia, pour mettre mieux en évidence la plus importante de toutes. La plus importante par ses développements, la plus importante par la justesse et l'élévation des idées de celui que l'on affecte de considérer d'habitude comme un simple sabreur, tout au plus comme un général d'avant-garde.

Cette lettre est datée de Posen, le 24 mars 1812[1], alors que Murat, par ordre de l'Empereur, allait, sous prétexte d'une inspection ordinaire, s'assurer par lui-même si, sur l'extrême frontière, l'armée était en parfait état et prête à entrer en Russie du jour au lendemain.

« ma chere letitia. il y a bien long tems que je vous ai quittée et ce tems a du vous paroître ainsi qu'a moi extremement long. quand vous reverrai-je? bientôt j'espere car l'empereur est habitué à aller vite en besogne ; mais rien n'est encore commencé, nous attendons le signal des batailles et ce n'est qu'alors que je pourrai fixer à peu près l'époque de mon retour. qu'il sera beau le jour ou j'embrasserai ma belle letitia, ou j'embrasserai tous mes enfans, ou je me réunirai à eux pour ne plus jamais m'en séparer ! déjà votre belle maman jouit de ce bonheur. cependant ma letitia travaille, chante, fait de grands progrès, perfectionne ses jeunes talens. elle voudra me surprendre agréablement à mon arrivée et me prouver par des faits combien elle a mis à profit les momens de notre séparation. oui, vous devez vous appliquer à suivre avec courage le cours de vos études. combien vous serez heureuse un jour, d'avoir acquis des connaissances, des talens et de pouvoir, en tout événement[2], vous suffire à

---

1 Lettre xiv.

2. Singulier pressentiment. Quelques heures avant d'être fusillé au Pizzo, Murat écrivait ses derniers adieux à sa femme, à ses enfants. Dans cette lettre déchirante se trouve cette phrase : « Je vous laisse *sans biens*, sans royaume, au milieu de mes nombreux ennemis... »

vous même en faisant le bonheur des personnes que vous
aurez attaché à votre destin. votre papa, votre maman seront eux mêmes heureux de votre bonheur. montez vous
toujours à cheval ? je suis désolé de vous avoir enlevé *la
gaeta*[1] et je suis tenté d'envoyer l'ordre de vous la ren-
voyer. cependant je fais chercher un joli cheval polonais
que je vous enverrai, vous le monterez souvent, vous l'aimerez beaucoup, papa vous l'aura donné. — vous ne né-
gligez pas la danse, vous étudiez toujours l'anglois,
l'allemand, je ne vous parle pas de l'italien, vous êtes
napolitaine et vous devez savoir votre langue. Soignez
bien votre écriture, un beau caractère donne une nou/elle
grâce à tout ce qu'on écrit ; vous lirez bien, car m^e de roquemont lit à merveille, et vous sçavez combien une belle
diction prête de charmes, même à ce qu'il y a de mieux
écrit ; lisez beaucoup, mais que vos lectures soient à votre
portée, évitez avec soin celles qui pourroient porter dans
votre jeune cœur du trouble, de l'agitation. à votre âge[2]
on ne doit éprouver que des sensations douces et tran-
quilles. vous n'abandonnerez pas le dessein (*sic*), vous
aimerez la peinture. les arts éveillent l'imagination, élèvent
l'âme ; quel sublime talent que celui de pouvoir faire re-
vivre sur la toile l'être cher qui n'est plus, ou dont on
pleure l'absence, de retraire sur le papier des lieux que
nous avons aimé. mais je m'apperçois que je fais de la morale, que je m'érige en gouvernante, ce n'est pas mon
intention, je remplirois mal des fonctions si délicates, et
tu perdrois au change. je ne veux être que le meilleur ami,
le père le plus tendre.

» dis a achille, que je lui écrirai un de ces jours ; embrasse bien maman pour moi, rendez la bien heureuse, sa
santé a besoin de calme et de bonheur. embrasse bien pour
moi tes frères et ta sœur. je t'embrasse de tout mon cœur.
ton bon père   J. N. »

1. Jument favorite que Murat avait prise pour la campagne de Russie.
2. Dix ans.

III

Nous ne savons si nous n'allons pas un peu loin, mais il
nous semble que bien des principes d'éducation énoncés
par le général commandant en chef la cavalerie de la
grande armée, auraient obtenu l'approbation de Madame
de Maintenon elle-même, à coup sûr celle de Mme de
Campan, la grande éducatrice des femmes de la Cour
impériale. Elle montre la clairvoyance des instincts du
cœur, car rien dans l'éducation de Murat ne pouvait l'a-
mener à formuler un ensemble aussi complet de préceptes.
Son amour passionné pour sa fille, pour ses enfants il
faut ajouter, a été son seul guide, et a transformé son
cœur de guerrier en un admirable cœur maternel.

L'antiquité payenne nous a représenté la *féminisation*
(qu'on nous passe ce mot) du héros dans la fable d'Hercule
et d'Omphale, la Bible dans l'histoire de Samson et de
Dalila. A ces héros *féminisés*, nous préférons cent fois,
mille fois Murat s'occupant des plaisirs et des progrès de
sa Letitia au milieu du fracas des batailles ; réformant son
caractère, dirigeant son éducation. Et cela, avec le soin
le plus vigilant, l'affection la plus tendre et en même
temps la plus intelligente. En un mot, comme aurait pu
faire la meilleure des mères.

Si nous ne nous sommes pas trompé dans nos apprécia-
tions, voilà pour un « sabreur » un singulier, mais un mer-
veilleux, un touchant éloge, et surtout, nous espérons que
le lecteur partagera notre conviction, un éloge mérité.

APPENDICE

Dans la partie de cette étude consacrée à Murat *méconnu*, nous avons fait appel surtout au témoignage d'un simple soldat. Bien d'autres pourraient être invoqués. Contentons-nous, après le grenadier, d'entendre la déposition d'un général appartenant à une maison illustre.

Note A. — Ce n'était pas seulement pour les revues passées à Tilsitt, non plus que pour les Parades des Tuileries que l'armée Impériale était *belle*. Elle tenait à la tenue impeccable dans les circonstances les plus graves. Au matin de la bataille de la Moskowa :

« Tous les régiments avaient reçu l'ordre de se mettre en grande tenue comme pour un jour de fête. La Garde Impériale surtout paraissait se disposer à une parade plutôt qu'à un combat. » — (*Souvenirs militaires* du général duc de Fézensac, in-8º, 1863, p. 232.)

Puis à la veille d'évacuer Moscou et de commencer la lamentable retraite :

« Le 18 (octobre), l'Empereur passa la revue du 3ᵉ corps dans la cour du Kremlin. Cette revue fut aussi belle que les circonstances le permettaient. Les colonels rivalisèrent de zèle pour présenter leurs régiments en bon état. Personne en les voyant, n'aurait pu s'imaginer combien les soldats avaient souffert et combien ils souffraient encore. Je suis persuadé que la belle tenue de notre armée au milieu des plus grandes misères a contribué à lui persuader qu'avec de pareils hommes rien n'était impossible. » (Fézensac, *loc. cit.*, p. 250.)

Note B. — « Il était impossible d'atteindre l'infanterie ennemie, l'avant-garde n'avait à combattre que leur cavalerie légère, qui ne se défendait elle-même que pour laisser le temps à l'armée d'opérer tranquillement sa retraite. L'activité du Roi de Naples était au-dessus de tout éloge, ainsi que sa bravoure. Jamais il ne quittait l'extrême avant-garde ; c'était là qu'il dirigeait lui-même le feu des tirailleurs et qu'il restait exposé aux coups de l'ennemi, auquel *sa toque et ses plumes blanches* servaient de point de mire. » (Fézensac, *loc. cit.*, p. 230.)

VERSAILLES, IMPRIMERIE CERF ET Cie, 59, RUE DUPLESSIS.